Histoire

Tous à la fête foraine !

Illustrations : Mérel
Texte : Didier Jean et Zad

X15

Samedi, en début d'après-midi,
Mélanie rend visite à Pascale.
« Je vais à la fête foraine avec Rachid,
Arthur et Gafi. Veux-tu venir avec nous ?
— Non, je n'ai pas le droit, répond Pascale.

Mes parents disent que la fête foraine, ça fait mal à la tête, ça fait mal au cœur, et puis ça coûte cher, explique-t-elle.

— Non, ce n’est pas vrai ! réplique Mélanie. Tes parents n’y connaissent rien. C’est génial la fête foraine, allez viens ! »

Pascale hésite :
« Qu'est-ce que je vais dire à mes parents ?
— Tu n'as qu'à leur raconter que tu viens m'aider à faire mes devoirs », insiste Mélanie.
Finalement, Pascale accepte d'accompagner ses copains à la fête.

Les cinq amis se promènent au milieu des attractions.
Les couleurs, les odeurs et la musique
les excitent terriblement.

Pour commencer, ils font la queue à l'entrée du train fantôme.
Comme d'habitude, Arthur fait le fanfaron devant ses copains :
« Je suis sûr que je n'aurai même pas peur ! »

Enfin, c'est leur tour. Le train s'engage dans un couloir obscur.
Les araignées, les hurlements et les rires
étranges les font plutôt sourire.

Mais soudain, un squelette effrayant surgit devant eux.
Il s'avance tout près en grinçant des dents.
Tout le monde frissonne et c'est Arthur qui a le plus peur.
« Maman ! Au secours ! » hurle-t-il en se cramponnant
au cou de Mélanie.

Quand le train débouche à la lumière du jour,
tous les amis poussent un soupir de soulagement.
« C'est super, la fête foraine. Qu'est-ce qu'on s'amuse bien ! »
s'écrie Mélanie.

La bande de copains continue sa promenade
au milieu des attractions.
« Si nous allions aux auto-tamponneuses ? » propose Arthur.
Tout le monde est d'accord et les voilà partis.

Des voitures de toutes les couleurs glissent sur la piste.
Elles avancent, elles reculent, elles s'évitent
dans un joyeux tintamarre...

Grâce à Gafi, la voiture des filles rattrape celle des garçons.
Et boum ! Ils se tamponnent.
« Qu'est-ce qu'on s'amuse bien ! s'écrient les garçons.
— Oui, mais ça fait un peu mal à la tête, se plaint Pascale.

— Bon, on va où maintenant ? demande Arthur.

— Allons aux montagnes russes ! » dit Rachid.

Les amis s'installent dans le wagonnet.

Au début, ça monte doucement...
Mais après, qu'est-ce que ça descend !

Gafi pousse la voiture de ses amis et les fait monter jusqu'au ciel.

« Whaouh ! On s'amuse bien !

— Oui, mais ça fait très mal au cœur », se plaint Pascale.

Un peu sonnés, les amis quittent les montagnes russes.
« Maintenant, dit Pascale, j'ai besoin d'un peu de calme.
— On pourrait aller au manège, propose Mélanie.
— Oh non ! dit Arthur. Le manège, c'est pour les bébés.
Allons plutôt acheter des barbes à papa ! »

Les amis se pressent autour du marchand.
« Mmmhhh... C'est bon ! dit Rachid.
— Qu'est-ce qu'on se régale ! ajoute Mélanie.
— Oh ! c'est trop sucré, dit Pascale. J'ai envie de vomir ! »

Elle ne se sent vraiment pas bien et s'assoit sur un banc.
« Ça ne va pas, ma petite Pascale ? demande Gafi.
— Non, il faut que je rentre chez moi, dit-elle.
J'ai mal à la tête, j'ai mal au cœur, et de toute manière, je n'ai plus un sou. »

Un peu plus tard, Pascale est de retour chez elle.

« Comment ça va ? demande sa maman.

Tu es toute blanche.

— Ça va, ça va, répond Pascale d'une toute petite voix.

Mais j'ai mal à la tête.

— Décidément, ma chérie, tu travailles trop.
Tu as besoin de t'amuser. Tiens ! J'ai une bonne idée.
Demain, je t'emmène à la fête foraine... »

Le coq et les trois poulettes

Illustrations : Grégoire Vallancien

Chaque jour, un coq allait se promener avec ses trois poulettes en chantant :

Quand trois poules vont aux champs,
la première va devant,
la deuxième suit la première
et la troisième va derrière...

Hélas, un matin, que voit-il, droit devant ?
Un renard affamé,
qui s'approche de la première poulette
avec un air gourmand.

Aussitôt, le coq se précipite et dit au renard :
« Arrête, malheureux ! Ne croque pas cette poule.
Elle est si vieille qu'elle n'a plus que la peau sur les os !
Parole de coq, si tu la manges, tu vas te casser les dents. »

Penaud, le renard s'excuse.
« Tu as raison : j'ai la vue qui baisse.
Cette poulette doit être dure comme du bois.
Dans ce cas, je vais plutôt manger celle-ci.
Elle a l'air délicieuse ! »

Et, en se léchant les babines, il s'approche de la deuxième poule. À nouveau, le coq lui barre le passage :

« Tu es fou ? Ne mange pas celle-là ! Elle est bien trop petite ! Pour que sa chair soit vraiment tendre, il faut la laisser grossir encore un mois ou deux.

– Ah bon ! Tu crois ? dit le renard. Alors, je vais manger celle-là.
Elle m'a l'air juste comme il faut. »
Et d'un pas décidé, il s'approche de la troisième poule...

Mais, une fois de plus, le coq s'interpose :
« Ah ! non, non, non ! Ce n'est pas malin !
Cette poule est la meilleure pondeuse de la ferme.
Si tu la manges, elle ne pondra plus d'œufs.
Et toi, tu n'auras rien à te mettre sous la dent l'année prochaine :
ni poussins dodus, ni poulets grassouillets ! »
Le renard est bien embêté.
Il se gratte la tête et bougonne :

« Tu as peut-être raison. Mais alors,
qu'est-ce que je vais manger, moi ?
– Attends, dit le coq. Laisse-moi réfléchir. »

Mine de rien, il se tourne vers les poules et ordonne :
« Eh ! vous trois, vous me gênez à caqueter comme ça.
Allez discuter sur cette branche là-haut, que je me concentre. »
Les poules obéissent et s'installent sur une branche
pendant que les deux compères réfléchissent.

Soudain, le renard se frappe le front :
« J'ai une idée : je n'ai qu'à te manger.
Tu es plutôt grassouillet, toi aussi !
– D'accord ! dit le coq. Tu n'as qu'à m'attraper ! »
Et aussitôt, il s'envole et rejoint les trois poulettes dans l'arbre.
Étonné, le renard proteste :
« Eh ! pour que je te mange, il faut que tu descendes de là. »
Moqueur, le coq répond :
« Descendre ? Pas question ! Je suis très bien ici
et tu n'as qu'à monter, toi ! »

– Cette fois, le renard comprend que le coq se moque de lui. Furieux, il prend son élan et saute de toutes ses forces pour atteindre la branche. Mais un renard, c’est bien plus lourd qu’un coq ! À peine a-t-il attrapé la branche que crac ! elle craque sous son poids. Et patatras !

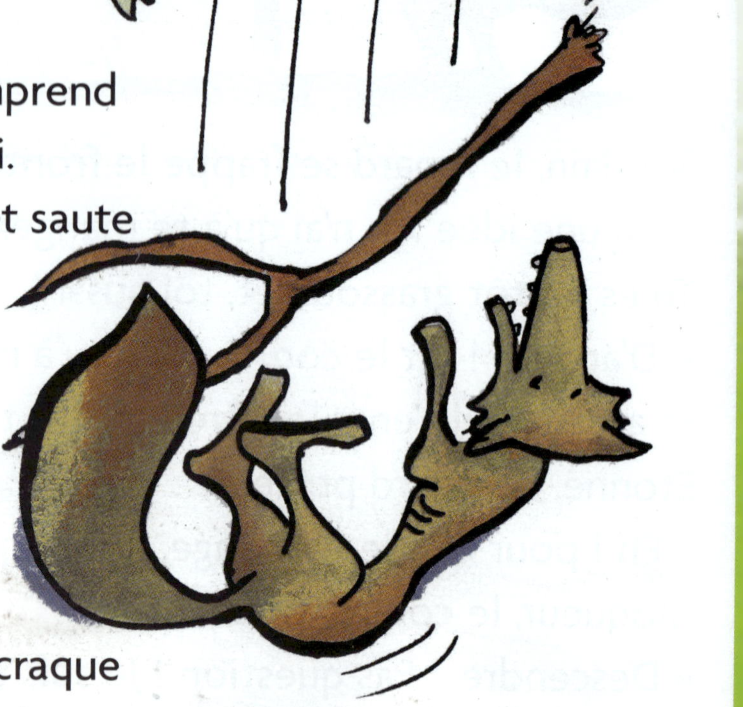

Le renard tombe par terre,
la tête la première.
À moitié assommé,
il n'a plus qu'à rentrer chez lui,
le ventre vide.
Quant au coq et aux trois poulettes,
ils reprennent tranquillement leur route, en chantant :

Quand trois poules vont aux champs,
la première va devant,
la deuxième suit la première,
la troisième va derrière...

FIN

Il faut :

des magazines,
de la colle.

Un coq de papier déchiré

1 Pour chaque partie du corps du coq, déchire les formes dans des pages de magazines.

2 Colle-les sur une feuille dans l'ordre des numéros, en t'aidant du modèle.

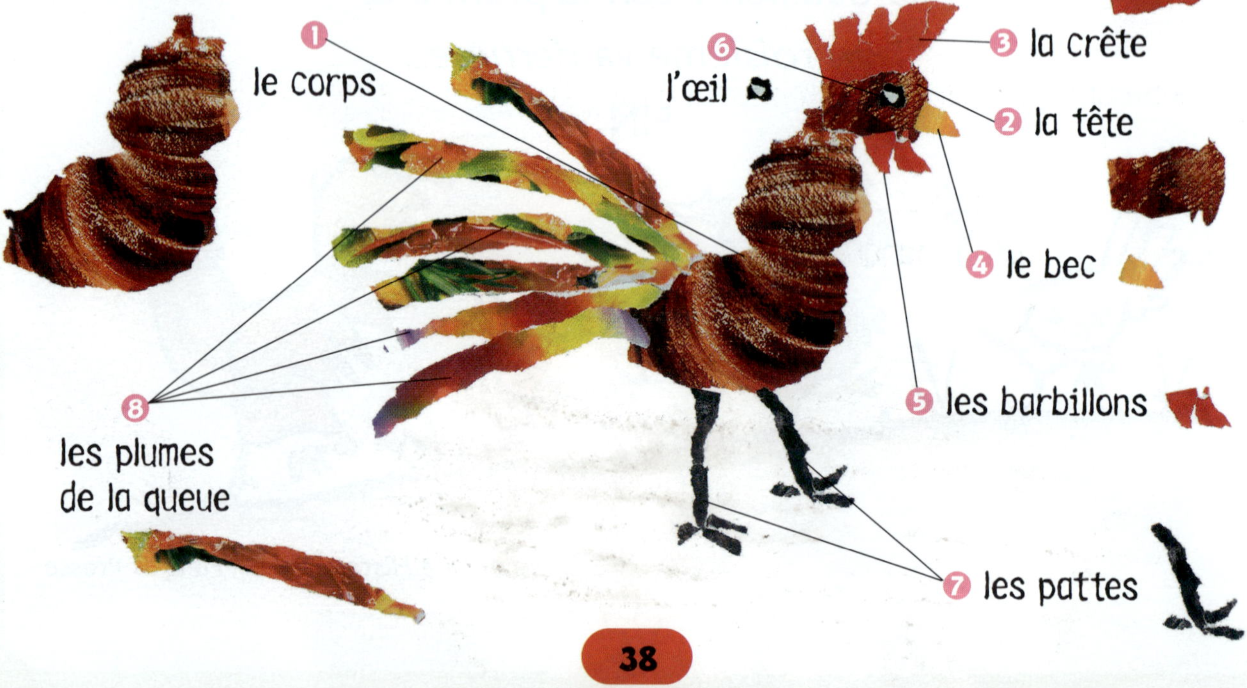

Il faut :

du fromage blanc,
des bonbons,
une banane,
des corn-flakes,
un raisin sec,
du sucre en poudre.

Une poule sucrée

1 Étale un rond de fromage blanc sur l'assiette. Saupoudre-le de sucre.

2 Fais la crête de la poule avec les corn-flakes.

3 Fais le bec de la poule avec les bonbons.

4 Coupe une rondelle de banane pour faire l'œil.

5 Dépose un raisin sec
sur la rondelle de banane.

Bon appétit !

Le train fantôme

N° de projet 10148965 - février 2008
Imprimé en France par I.M.E., 25110 Baume-les-Dames